L 27
22679

NOTICE

BIOGRAPHIQUE

SUR

mpe BESNARD.

PRIX : 25 CENT.

SE VEND

Z LES LIBRAIRES DE REIMS.

REIMS, IMP. ET LITH. DE E. LUTON.

NOTICE BIOGRAPHIQUE

SUR

Olympe **BESNARD**.

Olympe BESNARD naquit à Cherbourg le 27 Décembre 1798. Doté d'une santé robuste et doué de beaucoup d'intelligence, il commença de très-bonne heure à travailler avec son père. Celui-ci exerçait la profession de menuisier; il était attaché depuis fort long-

temps aux travaux de co[n]
struction des navires, dans le[s]
chantiers ou dans les atelie[rs]
du port. A dix-huit ans, déj[à]
Besnard était habile en me[nu]
nuiserie et secondait bien so[n]
père, mais il devait bientô[t]
se séparer de lui. Le jeun[e]
ouvrier était trop vif et tro[p]
remuant pour pouvoir reste[r]
toujours au même endroit[;]
il lui fallait du mouvemen[t.]
« On ne se perfectionne qu'e[n]
» voyageant, » dit-il un jour [à]
son père, « j'irai voir la capi[-]
» tale. » Il quitta donc Cher[-]

bourg pour venir à Paris. C'était au commencement de 1819, il avait vingt ans.

Besnard séjourne à Paris pendant sept ans; il y est successivement menuisier, ébéniste et machiniste. Partout où il travaille, il se fait remarquer autant par son goût que par son intelligence. Son assiduité et sa fidélité le recommandent à ses maîtres. Ses allures franches et son caractère gai font d'ailleurs qu'il plaît à tous ceux qui l'emploient. Voilà les qualités

que réunit notre jeune arti-
san; et c'est assurément plus
qu'il n'en faut à un ouvrier
pour se faire aimer. Combien
voyons-nous, en effet, de
patrons se contenter à moins !

Vers la fin de 1824, Besnard
entend dire que les ouvrages
d'art entrepris à Paris pour
les décors de la cathédrale de
Reims, à propos du sacre de
Charles X, touchent à leur fin.
Il comprend que c'est là pour
lui une bonne occasion de
connaître cette ville et de voir
le portail tant vanté; il ne la

manquera pas. Il demande donc à faire partie des ouvriers machinistes de la pose, et il est admis. Cela l'amène à Reims au commencement d'avril 1825, à l'âge de 26 ans.

Or, les travaux de la pose sont commencés, et l'intérieur de la cathédrale n'offre plus qu'un vaste chantier. Toute la besogne, en ce qui concerne les décors de la partie basse, est distribuée ; mais tout n'est pas fini. Il reste à édifier les échafaudages nécessaires pour les décors de la partie

haute, c'est-à-dire pour les
décors à faire au-dessus des
galeries et dans la voûte, et
c'est là le plus difficile. Pour
cela, il faut des hommes
entreprenants, hardis et réso-
lus. Besnard se présente le
premier, en demandant à
choisir lui-même les ouvriers
qui devront le seconder. Il
s'adjoint spécialement un
nommé Silence qu'il a ame-
né de Paris avec lui. C'est un
de ses meilleurs camarades;
et c'est parce qu'ils ont le
même caractère et les mêmes

idées qu'ils se sont si étroite-
ment liés d'amitié. Besnard
se met à l'œuvre avec les
hommes qu'il a choisis, atti-
rant tout d'abord sur lui l'attention des entrepreneurs,
rien que par sa façon de s'or-
ganiser. Les travaux marchent
rapidement, et tous les jours
on le félicite sur ses moyens
d'exécution. Il se tient cons-
tamment à la hauteur de sa
tâche, et les ouvrages en sont
déjà à un grand point d'avan-
cement au 22 avril, quand un
bien triste accident, en affli-

geant tout le monde, vient les interrompre ou les ralentir pour un moment. Silence, l'ami intime de Besnard, tombe du haut de la voûte sur le sol, et il est tué raide sur le coup.

Silence fut inhumé au cimetière du Nord, au milieu d'une assistance considérable; on sait de vieille date que la population rémoise, toujours si compatissante aux malheurs des étrangers, ne fait jamais défaut en pareil cas. Le deuil avait été conduit par les entrepreneurs, ayant sur leur ligne Besnard, et à leur suite tous les autres ouvriers occupés aux décors. — Au moyen de cotisations volontaires faites entre les ouvriers par les soins de Besnard, un monument fut élevé sur la tombe de Silence. Ce monument, je l'ai visité avant d'écrire cette notice. Il porte plusieurs inscriptions; entre autres on y lit la suivante :

Objet d'éternelle douleur,
L'infortuné repose en paix sous cette pierre.
A son âme, passant, tu dois une prière...
Tu dois une larme au malheur !

Si l'homme propose, à son tour Dieu dispose. Adolphe-Théodore Silence, qui était né au Hâvre le 2 Avril 1805, devait donc venir mourir dans la cathédrale de Reims, le 22 avril 1825, à l'âge de vingt ans !

Après les funérailles de son ami, Besnard reprit ses travaux et les conduisit à bonne fin. Les entrepreneurs furent si contents de lui, qu'ils voulurent le récompenser par une faveur toute particulière. « Besnard, » lui dirent-ils deux

on trois jours avant le sacre,
« c'est vous qui aurez la sur-
veillance du trône pendant la
cérémonie du 25 mai. Cette
faveur, en pareille circon-
stance, revient à l'ouvrier qui
a le mieux mérité pendant les
travaux ; elle vous appartient
donc de plein droit. » — On
sait qu'il n'y a aucun danger à
craindre, dans un moment
semblable, pour la solidité
d'un trône construit avec tant
de précaution ; mais c'est une
marque de distinction que le
cérémonial accorde à celui

qui est préposé à la surveil-
lance du trône, en ce sens que
ce préposé doit être en habit
de cour. Si Besnard eut l'honneur d'être chargé de cette
mission, il n'eut pas toutefois
la satisfaction de la remplir.
Le 24 mai, il reçoit une lettre
de Cherbourg qui l'invite à
partir immédiatement, s'il
veut assister aux derniers
moments de sa mère. Entre
deux choses Besnard n'hési-
tera pas; l'amour filial l'em-
porte. Il part à l'instant pour
Cherbourg.—Huit jours après,

il était de retour, mais sa mère était morte.

Après la démolition des échafaudages de la cathédrale, Besnard se dit : « Puisque je » suis à Reims et que je m'y » plais bien, j'y resterai. » Il reprit donc la menuiserie en ville ; seulement il ne la continua pas ; car, un peu plus tard, il fut nommé machiniste du théâtre. Mais, avant d'aller plus loin, je tiens à rapporter ici un fait qui arriva pendant la démolition des échafaudages, parce qu'il comporte un acte de dévouement qui fait honneur à Besnard.

Un ouvrier, dont on ne m'a pu dire le nom, travaillait sur un plancher volant, à la hauteur des galeries. Besnard travaillait à côté de lui sur un autre plancher volant. Les deux planchers étaient distants l'un de l'autre d'au moins un mètre ; et celui sur lequel se trouvait Besnard était un peu supérieur à l'autre. — Le pied lui manquant, cet ouvrier tombe à la renverse ; mais, dans sa chute, il se rattrape

au bord de son plancher que
ses mains rencontrent, et reste
suspendu. C'est heureusement
du côté de Besnard. Celui-ci
voit que l'infortuné cherche
en vain à se remettre sur sol;
il comprend que le danger est
imminent. Se coucher à plat-
ventre sur son plancher, et
s'accrocher des pieds à une
perche d'échafaudage qu'il
aperçoit placée providentiel-
lement juste derrière lui, c'est
pour Besnard l'affaire d'une
seconde. Il a la moitié de son
corps dans l'espace, mais il ne

s'effraie pas; il ne songe qu'à
racheter la vie à son compa-
gnon. « Du courage, mon
» brave, » lui dit-il, « et ne
» crains rien. Au mot de trois,
» tu serreras fortement la
» main droite et tu me jetteras
» la gauche; attention : une...
» deux... et trois; » et le mal-
heureux est sauvé. — Il fallait
à Besnard de la souplesse et
de la force; mais il fallait
aussi que le doigt de Dieu fût
là.

Je disais donc un peu plus
haut que Besnard avait repris

la menuiserie en ville après la démolition des échafaudages de la cathédrale, et qu'au bout de peu de temps il avait été nommé machiniste du théâtre. Or, il remplaça, dans cet emploi, un bon vieillard que le poids des années venait de forcer à se retirer. Beaucoup de personnes à Reims se souviennent encore de lui; c'était le père Laterre.

— Après avoir exercé, à la satisfaction générale, son emploi de machiniste pendant douze ans, Besnard quitta le théâtre en 1837, pour fonder, dans rue Large, cette salle qui était destinée à devenir si fameuse, et que l'on connaîtra toujours à Reims sous le nom de salle Besnard. En 1840, il ouvrit un immense jardin d'été sur le boulevard du Temple, dans le but de procurer à la population rémoise toutes les distractions et tous les amusements nécessaires. Ce jardin dura jusqu'en 1861. Il eut une grande vogue et un grand renom. On entend citer tous les jours le jardin

Besnard, et l'on en parlera longtemps encore. — Il faut noter que la salle et le jardin Besnard ne se sont jamais ouverts que devant l'élite de la société. J'entends ici par l'élite de la société, toute réunion quelconque de personnes convenables, soit qu'on la prenne dans la haute aristocratie, soit qu'on la prenne dans la bourgeoisie, soit enfin qu'on la prenne dans la classe ouvrière. Vouloir en dire davantage sur ces deux établissements, ce serait vouloir être diffus; car tout le monde connaît la salle qui existe, et tout le monde a connu le jardin qui n'existe plus. Voilà sommairement ce que Besnard a été comme homme privé; voici maintenant ce qu'il fut comme homme public, c'est-à-dire comme sapeur-pompier.

En 1826, un des amis de Besnard lui demanda s'il voulait être sapeur-pompier volontaire. « Oui, » répondit-il, « et ça tombe bien, car j'allais » justement m'annoncer. »

Dès les premiers temps de son entrée dans la compagnie, on l'apprécia. On devina tout de suite de quel secours il pourrait être en cas de besoin, et personne ne fut trompé dans son attente. On le nomma caporal en 1830; en 1835, il était sergent. Il reçut, dans le cours de cette année, deux médailles d'argent : l'une de la Compagnie du *Soleil*, l'autre de la ville de Reims. Celle-ci est une médaille grand modèle. La première porte : *Décernée à* Olympe BESNARD, sergent des Sapeurs-Pompiers, à Reims. — *Incendie du 28 Janvier* 1835. On lit sur la seconde : *A M.* Olympe BESNARD, *sergent des Sapeurs-Pompiers volontaires, pour nombreux actes de dévouement.* — *Décernée par le Conseil municipal de Reims, en* 1835.

Besnard fut sous-lieutenant en 1842. Huit ans plus tard, il était décoré par le Président de la République. C'est donc en 1850 qu'il reçut des mains de Louis-Napoléon, comme

témoignage éclatant de la re-
connaissance publique, la
croix de chevalier de la Légion-
d'Honneur. —Enfin, en 1861,
pour lui donner une nouvelle
marque de la satisfaction générale, on le nomma porte-
drapeau de la compagnie.

En présence du discours
que M. Chevalier, lieutenant
des sapeurs-pompiers, a pro-
noncé sur la tombe de Besnard,
je n'ai plus rien à dire. M. Chevalier a fait, en quelques mots,
un éloge plus complet que je
ne pourrais le faire dans un

plus grand espace. Voici comment il s'est exprimé :

« L'immense concours d'amis qui accompagnent la dépouille mortelle de notre brave et regretté camarade, dit assez de quelle sympathie et de quelle popularité il jouissait parmi ses concitoyens. En effet, pour tous les Rémois, le lieutenant Besnard était le type accompli du pompier plein de zèle et de dévouement.

» On savait qu'il était toujours un des premiers à courir sur le point le plus périlleux de l'incendie, déployant tout ce qu'il avait d'énergie pour affronter le danger et faire reculer l'élément dévastateur.

» Aussi chacun s'accordait à lui rendre justice à cet égard. On se rappelle que, lors du passage à Reims, en 1850, du Prince-Président (aujourd'hui notre Empereur), le lieutenant-colonel de la garde nationale, M. Fortel, était désigné pour recevoir la croix de chevalier de la Légion-d'Honneur. Avec une modestie rare, M. Fortel déclina cette faveur et engagea à la reporter sur M. Besnard... et toute la population applaudit

» J'ai cru devoir rappeler ce fait, aussi honorable pour celui qui fut l'objet de cette marque de distinction bien méritée, que pour celui qui la déclina si noblement.

» Dirai-je combien M. Besnard fit de sacrifices pour procurer des distractions à la population rémoise ?

» Aussi toute cette population est affligée douloureusement de la perte de cet homme de cœur, qui était si digne de porter notre étendard.

» Mais si quelque chose doit adoucir les regrets de sa veuve et de ses deux fils, dont les sanglots nous fendent le cœur, c'est qu'au-delà de la tombe il laisse de profonds souvenirs et un noble exemple de dévouement sans bornes et de fière bravoure, et qu'il a mérité l'estime des honnêtes gens. Cet héritage moral en vaut bien un autre !

» Adieu! brave camarade!... Adieu! »

Ajoutons seulement, à titre de simple renseignement, que Besnard est tombé malade le 5 mai 1866, et qu'il est mort le 12 juin suivant, dans sa 68me année; et répétons :

Devant la mort chacun à son tour tombe,
Et pour BESNARD le jour suprême a lui ;
Mais les Rémois ont pleuré sur sa tombe,
Mais les Rémois se souviendront de lui.
Combien diront, inclinés sur sa pierre :
Ci-gît en paix, au fond de ce tombeau,
L'homme de cœur, le vrai légionnaire,
L'ami BESNARD, le vieux porte-drapeau. (*bis*)

Je dois mon travail aux renseignements qui m'ont été fournis par M. Geoffroy, ancien capitaine des sapeurs-pompiers ; et je tiens, en finissant, à lui adresser ici en public mes remercîments sincères, pour la bienveillance avec laquelle il me les a donnés.

Son dernier mot fut celui-ci : « Notre ami Besnard était l'homme » d'action. »

Louis HAMEL.

BIBLIOTHEQUE NATIONALE DE FRANCE

www.ingramcontent.com/pod-product-compliance
Lightning Source LLC
Chambersburg PA
CBHW061713060726
47597CB00006B/2352